Philippe Matter

Le nouveau copain de Mini-Loup

hachette
JEUNESSE

Mini-Loup et sa bande

Mini-Loup

Le plus attachant
des petits loups.

Un peu gaffeur mais toujours
prêt pour de nouvelles aventures

Moussa

Voici le plus fidèle
des éléphants, Moussa.

Plein d'astuce et courageux,
c'est un des meilleurs
copains de Mini-Loup.

Anicet

Un petit cochon,
ami de Mini-Loup.

S'ils se disputent souvent,
ils ne restent pas fâchés
très longtemps.

Mini-Pic

Un petit hérisson qui
complète la bande d'amis.

Toujours là pour jouer au foot,
aux billes ou construire une
cabane...

Louna

l'amoureuse
de Mini-Loup...

Qu'est-ce qu'elle est jolie et sympa...
Pour Mini-Loup, c'est sûr,
Louna et lui se marieront plus tard
et auront des tas d'enfants...

Avec la collaboration de Philippe Munch

Hachette Livre, 58, rue Jean Bleuzen , 92178 Vanves Cedex

1

En arrivant à l'école ce matin-là, Mini-Loup est surpris de ne pas entendre les cris et les rires habituels : tout est étrangement calme. Pourtant ses copains sont bien là, rassemblés sous le tilleul de la cour.

« Qu'est-ce qui se passe ? demande Mini-Loup en s'approchant d'Anicet.

— Il va y avoir un nouveau à l'école, lui annonce son copain d'un air grave. C'est un étranger. Il paraît drôlement bizarre !

— Je l'ai vu arriver ce matin avec ses parents,

ajoute Muche, ils discutent avec Mademoiselle Biglu.

— Tu vas voir, à tous les coups il va se retrouver dans notre classe ! ronchonne Mini-Pic.

— Mais non, dit Doudou en haussant les épaules. Il est drôlement grand, alors il va sûrement aller dans la classe des grands.

— J'aime autant ça, déclare Anicet, parce qu'on n'a vraiment pas besoin d'un nouveau. »

Mini-Loup n'a pas le temps d'en entendre plus : Mademoiselle Biglu sort de l'école pour raccompagner les parents du nouveau. Mini-Loup en reste bouche bée.

« Des éléphants, ce sont des éléphants ! » fait-il dans un souffle. Il n'est pas encore revenu de sa surprise quand la maîtresse prend la parole :

« Les enfants, je vous présente Moussa N'golélé Kimbo. Il va se joindre à notre classe car sa famille vient de s'installer au village. Je compte sur vous pour lui faire bon accueil et l'aider à s'adapter.

— Ça veut dire quoi "s'adapter" ? interroge Doudou en entrant dans la classe.

— Ça veut dire devenir comme nous ! répond Mini-Pic.

— Ben dis donc, ça ne va pas être facile avec la tête qu'il a ! » ricane Anicet.

« C'est vrai qu'il a une drôle d'allure le nouveau avec son bonnet de laine et son survêtement ! songe Mini-Loup en se dirigeant vers son pupitre. En tout cas, il n'a pas l'air bien méchant... »

À présent tout le monde a regagné sa place. Seuls Moussa et la maîtresse sont restés debout devant le tableau noir.

« Voyons, voyons, où vais-je bien pouvoir t'installer ? s'interroge-t-elle à haute voix.

— Tu as vu comme il est gros, pouffe Anicet en se tournant vers Mini-Loup.

— Tais-toi, tu vas nous faire remarquer et on va encore avoir des ennuis si… »

Mais Mini-Loup n'a pas le temps de finir sa phrase, Mademoiselle Biglu le regarde, d'un air sévère.

« Encore en train de bavarder, monsieur Mini-Loup ! Eh bien, puisque tu as tellement de choses intéressantes à raconter, je suis sûre que tu seras enchanté d'en faire profiter Moussa », dit-elle en invitant le jeune éléphant à s'asseoir à côté de lui.

Mini-Loup est plutôt embêté, il aurait préféré ne rien changer à ses habitudes mais il est bien obligé d'obéir à la maîtresse. Alors il se pousse pour faire un peu de place au nouveau qui s'installe près de lui en souriant timidement.

« Salut, marmonne-t-il à son nouveau voisin de table. Moi m'appeler Mini-Loup. Est-ce que toi comprendre ?

— Bien sûr que je te comprends, répond Moussa en pouffant, mais c'est vrai que tu as une drôle de façon de t'exprimer.

— Moi, j'ai une drôle de façon de parler ? Tu rigoles, c'est toi qui… enfin, je veux dire…, bredouille Mini-Loup.

— Tu sais, dans mon pays on parle des tas de langues différentes, reprend Moussa en souriant. Si tu as envie, je pourrai t'apprendre. »

Mini-Loup est bien attrapé ! Non seulement Moussa parle très bien français, mais en plus il semble avoir beaucoup de choses à lui faire découvrir.

« Les copains ont bien tort de s'inquiéter ! » songe-t-il en regardant son nouveau voisin de table avec intérêt.

2

« Les enfants, un peu de silence s'il vous plaît ! dit Mademoiselle Biglu en dépliant une carte. Afin que vous fassiez connaissance avec votre nouveau camarade, nous allons commencer par une leçon de géographie.

« Moussa vient d'ici... », commence-t-elle en pointant un pays au centre de l'Afrique.

Pour une fois Mini-Loup ne songe pas à faire le pitre. Il écoute attentivement sa maîtresse et bientôt sa tête s'emplit d'images de brousses et de jungles profondes.

Il imagine des enfants à moitié nus qui jouent devant des maisons aux murs de terre et aux toits de palme. Il sent l'odeur des épices. Il entend l'appel des grands fauves.

Il est tout étonné d'apprendre que là-bas aussi il y a des grandes villes modernes, que les enfants vont à l'école... et que beaucoup d'Africains parlent la même langue que lui.

Mini-Loup est tellement fasciné qu'il ne voit même pas le temps passer.

« Dis donc, ça a l'air drôlement chouette chez toi ! » finit-il par dire au nouveau lorsque la cloche de la récré retentit.

Sitôt sorti de la classe, Mini-Loup se précipite vers ses amis. Anicet a l'air très en colère.

« Ah non, je n'aime pas les étrangers, ils ne sont même pas d'ici !

— C'est vrai, s'écrie Eliot. Mon tonton dit toujours qu'on n'a pas besoin d'eux.

— Et puis, si on les laisse faire, ils finiront par prendre notre place ! ajoute à son tour Mini-Pic.

— Qu'est-ce que vous en savez ? réplique Mini-Loup, il n'y a jamais eu d'étranger par ici…

— Justement ! S'il n'y en a jamais eu, c'est qu'on n'en avait pas besoin, insiste Anicet, alors on ne voit pas pourquoi il faudrait que ça change aujourd'hui.

— Vous êtes vraiment trop bêtes, répond Mini-Loup à qui cette conversation ne plaît pas du tout. Puisque c'est comme ça je retourne m'amuser avec Moussa N'golélé! Lui, au moins, il ne dit pas de méchancetés sur les autres.

— C'est ça, Ng'Mini-Loup ! Va jouer du tam-tam avec ton copain, nous on préfère rester entre nous ! » siffle Anicet.

C'est un petit loup bien grognon qui part rejoindre le nouveau de l'autre côté de la cour de récré.

« Pourquoi tu ne joues pas avec tes amis ? lui demande Moussa, en le voyant s'approcher.

— Pfff, c'est plus mes copains ! fait Mini-Loup en enfonçant ses mains dans ses poches.

— Tu ne devrais pas te mettre en colère comme ça, reprend le nouveau. C'est très important les amis, tu sais. Tu ferais mieux d'aller les retrouver pour faire la paix avec eux.

— Non, non, je préfère rester avec toi », ronchonne Mini-Loup.

Il n'ose pas dire à Moussa pourquoi il s'est fâché avec toute sa bande.

« Parle-moi plutôt de ton pays. »

Mini-Loup passe le reste de la journée avec Moussa sans plus s'occuper d'Anicet.

« Quelle drôle de journée ! » se dit-il en quittant l'école. D'un côté il est bien content d'avoir un nouvel ami, mais de l'autre il a le cœur gros car ses vieux copains lui font la tête.

Quand il est passé devant eux, il y en a qui se sont moqués de lui.

« Regardez, voilà Ng'Mini-Loup qui va rejoindre sa tribu ! » a même crié Anicet, très en colère.

Heureusement, un peu plus loin sur le chemin, Mini-Loup a la bonne surprise de retrouver le nouveau.

« Tiens, salut Moussa ! Qu'est-ce que tu fais là ? Ne me dis pas que tu habites par ici...

— Ben si, justement, lui répond le jeune éléphant. Ma famille s'est installée dans une grande maison juste à côté de la forêt de sapins. Tu dois certainement la connaître.

— Et comment, s'écrie Mini-Loup ravi, c'est la vieille ferme ! Mais alors on est voisins : j'habite juste à côté ! Ah, quand je raconterai ça à mes parents... »

3

Mini-Loup arrive chez lui encore tout excité. Il a tellement de choses à raconter à Maman-Loup ! Mais lorsqu'il a fini, il est quand même un peu triste :

« Ça m'embête que les copains me fassent la tête.

— Ça passera, tu verras ! dit Maman-Loup de sa voix la plus douce. Tu te souviens de ta réaction lorsque nous t'avons annoncé la venue de ta petite sœur ? Toi aussi tu étais fâché parce que tu imaginais qu'elle allait prendre ta place. On se méfie souvent de ce qu'on ne connaît pas.

— J'espère que tu as raison soupire Mini-Loup en prenant Dilou dans ses bras. Je l'espère vraiment. »

Le lendemain, c'est mercredi. Mini-Loup court vers le pré pour y rejoindre ses copains. Ils ont organisé un match de football contre l'équipe de la Hure et il ne voudrait rater cela pour rien au monde.

Il a déjà oublié les fâcheries de la veille, mais lorsqu'il arrive sur le terrain, Anicet l'accueille plutôt froidement :

« Tiens, quelle surprise, voilà monsieur Ng'Mini-Loup en personne ! Tu te souviens encore de tes vieux amis, on dirait...

— Écoute, Anicet, on ne va pas continuer à se faire la tête. Tu sais bien que vous êtes mes meilleurs copains, Mini-Pic et toi.

— C'est vrai ? demande le cochon un peu moins fanfaron. Hier, j'ai eu l'impression que tu ne t'intéressais plus à nous.

— Allons, ne dis pas de bêtises, répond Mini-Loup. Personne ne pourra jamais vous remplacer. »

Anicet n'a pas l'air vraiment convaincu mais il n'a pas le temps d'en dire plus car Mini-Pic s'impatiente :

« Alors les gars, on y va ? On n'attend plus que vous, les marcassins sont déjà sur le terrain ! »

L'heure n'est plus à la discussion : le coup d'envoi va être donné !

Ça commence plutôt mal pour l'équipe de Mini-Loup : ces grosses brutes de la Hure sont toujours aussi coriaces et Anicet a déjà encaissé cinq buts en moins de vingt minutes. Même Muche, l'as du ballon, ne peut rien faire pour empêcher la catastrophe.

Doudou a un cocard à l'œil gauche, Mini-Pic est tout écorché aux genoux et le reste de l'équipe ne vaut guère mieux.

Et voilà la Hure qui repart à l'attaque. La défense est balayée en un clin d'œil. Une fois de plus Anicet se retrouve seul face au féroce capitaine des marcassins qui prend son élan… et tire !

Un vrai boulet de canon ! Pauvre Anicet, pour une fois il était bien placé : la balle le frappe en pleine figure !

« Je...je l'ai arrêté celui-là », bredouille-t-il avant de tomber à la renverse, assommé par le choc.

Mini-Loup et ses amis se précipitent vers lui : Anicet n'est plus en état de continuer le match.

« Misère, soupire Mini-Pic, sans gardien, on va se faire écrabouiller ! »

Mais une voix retentit derrière le petit groupe :

« Je peux essayer de le remplacer si vous voulez.

— Moussa, s'écrie Mini-Loup en se retournant, tu étais là !

— Tu ne fais pas partie de l'équipe, déclare Doudou. D'ailleurs on n'engage pas d'étrangers !

— C'est peut-être pour ça qu'on est en train de perdre, répond Mini-Loup. Dans les grandes équipes, il y a toujours des joueurs étrangers...

— Non, non et non, ajoute Mini-Pic, on se débrouillera sans lui ! »

La discussion est soudain interrompue par Anicet qui a repris connaissance :

« On ferait peut-être quand même mieux d'essayer, parce que moi je ne suis plus vraiment en état de jouer.

— C'est vrai que tu n'as pas l'air très en forme, remarque Doudou.

— Bon, puisque Anicet est d'accord, on peut toujours essayer…, dit Mini-Pic en haussant les épaules. Après tout un éléphant, ça doit s'y connaître en défense. »

4

Le match reprend après cette courte interruption. Les marcassins s'emparent de la balle. Dribblant comme un bulldozer, leur terrible capitaine remonte le terrain. Au point de penalty, il jette un coup d'œil sur le but.

Ce qu'il y découvre semble le faire hésiter : Moussa est tellement grand qu'il remplit tout l'espace du goal. Avec ses oreilles, il parvient même à protéger les lucarnes.

« Hé, c'est pas du jeu ! » s'écrie le marcassin en colère.

Profitant de son hésitation, Mini-Loup lui vole le ballon qu'il envoie à Mini-Pic. Mini-Pic fait une passe à Muche qui reprend de la tête et marque !

« B...but ! » murmure faiblement Anicet, depuis le banc de touche.

Grâce aux extraordinaires qualités de son gardien, l'équipe de Mini-Loup n'a plus à se préoccuper de la défense. Tout le monde est passé en attaque et les buts se mettent à pleuvoir dans les filets de la Hure. À la fin de la partie, le score est de 8 à 5 en faveur de l'équipe de Mini-Loup !

Vexés, les marcassins quittent le terrain, la tête basse.

Lorsque Mini-Loup se retourne pour féliciter Moussa, il est tout surpris : ses copains entourent leur nouveau gardien. Ils ont oublié leurs méchancetés de la veille.

« Dis donc, t'es rudement bon, déclare Mini-Pic, plein de respect. On est bien contents que tu aies rejoint notre équipe.

— C'est gentil de dire ça, répond Moussa en souriant, mais je n'y suis pas pour grand-chose. C'est vous qui avez marqué tous les buts. Vous savez, moi, ma spécialité, ce serait plutôt le basket : je n'ai jamais raté un seul panier avec ma trompe ! »

Muche regarde Moussa avec admiration tandis que les garçons, ravis, le portent en triomphe.

Resté à l'écart, Anicet est le seul à ne pas partager cet enthousiasme.

« Ça va ? demande Mini-Loup en s'approchant de son copain.

— Ouais, ça va, bougonne le cochon. Et puis c'est bien pour l'équipe d'avoir trouvé un bon gardien de but. »

Mini-Loup voit bien qu'Anicet est un peu triste.

Non seulement Moussa a été adopté par ses copains mais, en plus, il est meilleur gardien que lui.

« Et si on allait chez moi pour fêter cette victoire ? propose Moussa en s'approchant.

— Allez-y sans moi, répond Anicet toujours boudeur. Je crois qu'il vaudrait mieux que je rentre chez moi. Je suis un peu fatigué.

— Mais non, viens donc avec nous ! insiste Doudou qui les a rejoints avec le reste de la bande. Une équipe qui a gagné ne peut pas se séparer comme ça, voyons.

— Il a raison, ajoute Wouf. On reste tous ensemble !

— Allez, allez Anicet, on y va, conclut Mini-Pic.

— Tu en profiteras pour me donner quelques conseils, déclare Moussa. Tu as fait des arrêts incroyables avant que ce sauvage t'assomme !

— Ah, tu le penses vraiment ? demande Anicet.

— Et comment ! répond le nouveau. Tu as vraiment une super technique. »

Anicet a finalement accepté d'accompagner ses amis. En chemin, il se tourne vers Mini-Loup pour lui chuchoter à l'oreille : « C'est vrai qu'il est plutôt sympa ton copain. »

5

« Bienvenue les enfants ! déclare la maman de Moussa en voyant arriver son fils et ses amis. Je suis enchantée de faire votre connaissance.

— Bonzour, bonzour ! » chantonnent les petites sœurs du jeune éléphant.

En entrant dans la maison, les visiteurs sont presque étonnés de découvrir un intérieur semblable aux leurs. Une délicieuse odeur de cuisine flotte dans l'air.

« C'est drôlement joli chez toi, s'exclame Muche.

— Et puis ça sent bon, ajoute Anicet en passant devant la cuisine.

— Ah, je vois que tu es un connaisseur, remarque la maman éléphant. Comment t'appelles-tu ?

— A... anicet, m'dame, bégaie le petit gourmand, tout intimidé.

— Hahanicet ? demande la plus grande des sœurs de Moussa.

— Non, corrige le petit cochon, A-NI-CET !

— Nicet, Nicet, Nicet ! gazouille alors la plus petite.

— Ho, les filles, laissez-le tranquille ! Vous ne voyez pas que vous embêtez mon copain ? s'écrie Moussa en prenant Anicet par le bras.

« Si on veut s'amuser tranquillement, on ferait mieux de monter dans ma chambre. »

Mini-Loup et ses copains sont émerveillés par ce qu'ils découvrent en entrant dans la chambre de Moussa : la pièce est tapissée de tentures colorées et il y a un tas d'objets bizarres un peu partout.

« Ça, c'est un awalé, explique le jeune éléphant en montrant une curieuse boîte en bois, c'est un jeu de mon pays. Ça, ce sont des djembés et là, c'est l'arc que mon papa m'a fabriqué.

— Ça doit être bien de vivre dans ton pays, s'exclame Doudou.

— C'est assez différent d'ici... Vous voulez voir des photos ? propose alors Moussa.

— Oh, oui ! Oh, oui ! » répondent aussitôt Mini-Loup et ses amis.

Le jeune éléphant se dirige alors vers une étagère sur laquelle sont soigneusement rangés de gros albums. Il en choisit un qu'il pose sur la table.

« Je vous présente mon village !

— Comme c'est beau ! s'écrie Muche.

— Et c'est encore mieux, en vrai…, soupire Moussa.

— Il doit faire drôlement chaud là-bas, remarque Doudou en désignant une photo de la savane.

— Pour vous, oui ! Mais nous, on a l'habitude. Et puis avec le fleuve tout à côté, on n'a pas besoin de piscine pour se rafraîchir. Il faut juste faire attention aux crocodiles : ils ont mauvais caractère.

— Des crocodiles ! Tu as déjà vu des crocodiles ? demande Mini-Pic.

— Bien sûr, et puis des girafes, des hippopotames, des antilopes... Il faut dire que j'habitais juste à côté d'une réserve.

— Ah, quelle chance tu as, murmure Baudouin, l'air rêveur.

— J'ai toujours rêvé d'avoir un arc, déclare Wouf. Dis, tu m'apprendras à me servir du tien ?

— Moi c'est plutôt ton naoua… ton awala… enfin, ton jeu, là, qui m'intéresse, dit Gus, intrigué.

— Mon awalé ? C'est un jeu très simple, tu sais ! On peut en faire une partie si tu veux essayer. »

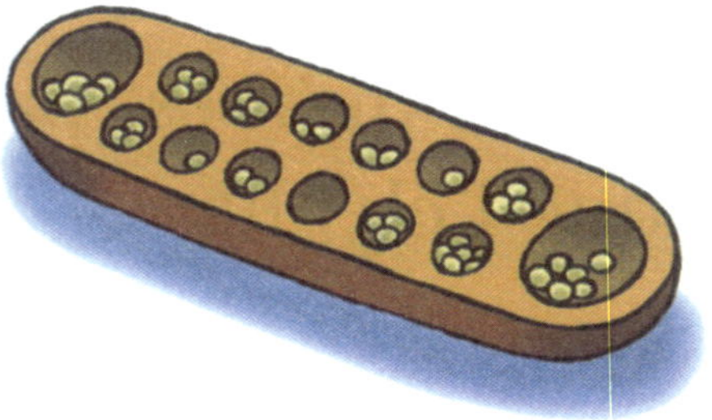

Mini-Loup est enchanté, tous ses camarades semblent apprécier Moussa à présent.

« Même Anicet », songe-t-il en cherchant son ami du regard.

« Hé, mais où est donc passé Anicet ?

— Il est allé faire pipi, répond Moussa. Il m'a demandé où étaient les toilettes mais il a dû se perdre en chemin. Ça fait au moins dix minutes qu'il est parti ! remarque l'éléphant.

— On ferait peut-être mieux d'aller le chercher, propose Mini-Loup, inquiet.

— Tu as raison, il a sûrement besoin d'aide, surtout s'il est à nouveau tombé sur mes sœurs ! » déclare Moussa.

6

En passant à côté de la cuisine, Moussa et Mini-Loup entendent des rires. Ils reconnaissent tout de suite la voix d'Anicet ! Mais ils sont bien surpris par ce qu'ils découvrent de l'autre côté de la porte.

Le petit cochon gourmand est juché sur un tabouret devant la cuisinière, tout occupé à touiller le contenu d'une grosse casserole avec une cuillère en bois.

« Tiens, vous êtes là les enfants ! s'exclame la maman éléphant en découvrant Moussa et Mini-Loup. Ce n'était pas la peine de vous déranger car je viens d'engager un nouvel aide cuisinier. N'est-ce pas, Anicet ? »

Se tournant vers ses amis, Anicet s'écrie : « Tu en as de la chance de manger d'aussi bons trucs, Moussa ! Tiens, tu devrais goûter ça, Mini-Loup », ajoute-t-il en tendant une assiette à son ami.

Le petit loup tout fou n'a pas remarqué le clin d'œil qu'Anicet a adressé au jeune éléphant.

« C'est rudement bon, dit Mini-Loup mais... c'est un peu piquant. »

De grosses gouttes de sueur dégoulinent sur son front. Sa bouche est en feu.

« Wouah ! C'est quoi ce truc ? demande-t-il en ouvrant la bouche tout grand, comme s'il pensait voir des flammes en jaillir.

— C'est juste un beignet au piment, répond Moussa en pouffant.

— Tiens, tu ferais mieux d'essayer ça, propose Anicet en lui tendant un autre plat. Tu verras, c'est vraiment très doux.

— Je me demande si je dois encore te faire confiance, répond son copain, l'air méfiant.

— Allez, vas-y, je te jure que ça ne pique pas du tout, n'est-ce pas, Moussa ?

— Il a raison ! C'est même la spécialité de maman, approuve l'éléphant. Tu peux y aller les yeux fermés. »

À demi rassuré, Mini-Loup prend une petite boulette, puis la porte lentement à sa bouche.

« Mmmm, c'est délicieux ! finit-il par déclarer en se léchant les doigts avec gourmandise.

— Il faut dire que personne ne prépare les galettes d'asticots comme ma maman ! précise Moussa.

— Des galettes de quoi ?... s'écrie Mini-Loup en s'étouffant à moitié.

— Allons, tu ne vois pas qu'il te fait encore une blague ? dit la maman éléphant en rigolant. C'est seulement du manioc, un légume qui ressemble à une grosse pomme de terre. »

« Alors ça, c'est la meilleure ! songe Mini-loup. Voilà que Moussa se met avec Anicet pour me faire des blagues. »

Mini-Loup voudrait bien se mettre en colère mais, voyant ses deux copains morts de rire, il n'arrive pas à garder son sérieux.

Entre deux hoquets, il parvient enfin à dire :

« Hé ben, j'ai l'impression que vous commencez à bien vous entendre tous les deux... »

La maman de Moussa finit par intervenir :

« Je pense que je réussirai à me débrouiller sans l'aide d'Anicet. Allez plutôt retrouver vos camarades. »

Les trois copains quittent la cuisine au pas de course. Ils sont toujours en train de rire quand ils rejoignent le reste de la bande.

Dans la chambre, Anicet n'arrête pas de plaisanter. Il essaie de jouer du djembé pour amuser Moussa.

Gus et Maxou se bouchent les oreilles mais les sœurs de l'éléphant, postées derrière la porte entrebâillée, apprécient beaucoup le spectacle.

« Bravo, Hahanicet ! crie la plus grande en bondissant dans la chambre.

— Quand ze serai grande, ze me marierai avec Nicet ! » ajoute la petite.

L'après-midi passe dans la joie et la bonne humeur mais l'heure de rentrer chez soi arrive. Le petit cochon a bien du mal à partir.

« J'espère te revoir bientôt, Anicet, dit la maman éléphant.

— Vous pouvez compter sur moi ! » répond l'apprenti cuisinier avant de se retourner vers Moussa.

« Tu sais, je suis super-content de te connaître... surtout qu'avec toi notre équipe de foot est devenue imbattable.

— Au revoir, au revoir ! lance la petite bande.

— Au revoir, Nicet ! » dit la petite sœur de Moussa.

« Hé, Mini-Loup, tu as vu ce que m'a donné la maman de Moussa ? demande Anicet. Des beignets au piment et des...

— ...des galettes d'asticot, évidemment ! répond-il en éclatant de rire.

« On dirait que la famille de Moussa t'aime beaucoup, déclare Mini-Loup en marchant à côté de son copain.

— Tu sais, Mini-Loup, c'est toi qui avais raison depuis le début. Je me suis trompé...

— C'est normal, tu sais, les éléphants ça trompe !

— Ah ! Ah ! Ah ! Trompe d'éléphant... Elle est drôle celle-là. »

Mini-Loup est bien content. Quelle chance il a d'avoir d'aussi bons amis !

Les as-tu tous lus ?

Mini-Loup et sa petite sœur

Le nouveau copain de Mini-Loup

Mini-Loup fait des cauchemars

Mini-Loup fait du cinéma

Mini-Loup veut devenir grand

Mini-Loup et les petits loups filous

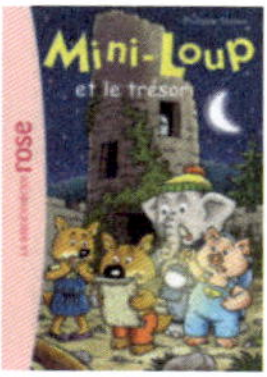

Mini-Loup et le trésor

Mini-Loup adore l'hiver !

Mini-Loup et les filles

Mini-Loup adore l'été !

Mini-Loup fait la fête !

Mini-Loup en Afrique

Mini-Loup premier de la classe

Mini-Loup roi de la glisse

Mini-Loup et son amoureuse

Mini-Loup et le fantôme

Mini-Loup va jouer dehors

Mini-Loup au tableau !

Mini-Loup mène l'enquête

Mini-Loup fait des blagues !

hachette s'engage pour l'environnement en réduisant l'empreinte carbone de ses livres. Celle de cet exemplaire est de :
350 g éq. CO_2
Rendez-vous sur
www.hachette-durable.fr

PAPIER À BASE DE FIBRES CERTIFIÉES

Photogravure Nord Compo - Villeneuve d'Ascq

Imprimé en Espagne par CAYFOSA
Dépôt légal : janvier 2011
Achevé d'imprimer : janvier 2018
20.0732.6/14 – ISBN 978-2-01-200732-1
Loi n° 49956 du 16 juillet 1949
sur les publications destinées à la jeunesse